अगर इतने से

[अशोक वाजपेयी का तीसरा कविता-संग्रह]

अगर इतने से

अशोक वाजपेयी

राजकमल प्रकाशन

ISBN : 978-93-90971-50-3

मूल्य : ₹350

पहला संस्करण : 1986
दूसरा संस्करण : 2021

प्रकाशक : राजकमल प्रकाशन प्रा. लि.
1-बी, नेताजी सुभाष मार्ग, दरियागंज
नई दिल्ली-110 002
शाखाएँ : अशोक राजपथ, साइंस कॉलेज के सामने, पटना-800 006
पहली मंजिल, दरबारी बिल्डिंग, महात्मा गांधी मार्ग, प्रयागराज-211 001
36 ए, शेक्सपियर सरणी, कोलकाता-700 017

वेबसाइट : www.rajkamalprakashan.com
ई-मेल : info@rajkamalprakashan.com

मुद्रक : बी.के. ऑफ़सेट
नवीन शाहदरा, दिल्ली-110 032

AGAR ITANE SE
Poems by Ashok Vajpeyi

रश्मि के लिए दूसरी पुस्तक

कविताओं में कुछ बिम्बों और जीवन-छवियों का प्रयोग बार-बार हुआ है। यह अर्थ और आशय की कई तहों और उनके रिश्तों को खोजने-बखानने की जानबूझकर की जा रही कोशिश के कारण है, किसी असावधानी या असमर्थतावश नहीं। उम्मीद है कि पाठक यह पहचान पाएँगे। वे यह भी लक्ष्य करेंगे कि काव्यभाषा की कुछ पुरानी और लगभग भुला दी गई अन्तर्ध्वनियाँ फिर सक्रिय हुई हैं : तद्भव के समकालीन आतंक के बरअक्स तत्सम की विनम्र उपस्थिति।

1958-60 में लिखी कुछ कविताएँ पहली बार यहाँ संग्रहीत की जा रही हैं। वह आरम्भिक काल था और आज लगभग पचीस वर्ष बाद यह कृतज्ञतापूर्वक स्वीकार करते हुए खुशी होती है कि एक सर्वथा अज्ञातकुलशील और तरुण कवि को उस समय की महत्त्वपूर्ण पत्रिकाओं जैसे वसुधा (जबलपुर), युगचेतना (लखनऊ), कल्पना (हैदराबाद), ज्ञानोदय, सुप्रभात (कलकत्ता), कृति (दिल्ली), नई कविता (इलाहाबाद), राष्ट्रवाणी (पुणे), लहर (अजमेर), अपरम्परा (पटना) आदि ने प्रकाशित कर उसकी आस्था का शुभारम्भ किया था।

अशोक वाजपेयी

16 सितम्बर 1986
डी-8 चौहत्तर बँगले
भोपाल

क्रम

तोतों से बची पृथ्वी

अधपके अमरूद की तरह पृथ्वी

खरगोश अँधेरे में
धीरे-धीरे कुतर रहे हैं पृथ्वी।

पृथ्वी को ढोकर
धीरे-धीरे ले जा रही हैं चींटियाँ।

अपने डंक पर साधे हुए पृथ्वी को
आगे बढ़ते जा रहे हैं बिच्छू।

एक अधपके अमरूद की तरह
तोड़कर पृथ्वी को
हाथ में लिये है
मेरी बेटी।

अँधेरे और उजाले में
सदियों से
अपना ठौर खोज रही है पृथ्वी।

[1985]

ईश्वर

थिगड़े-लगे आकाश को पहने
नक्षत्रों के सूने गलियारे में
पृथ्वी को भजते हुए
वह एक बूढ़ा कवि है—
अभी भी इस आशा में
कि नश्वरता से बचा सकते हैं
शब्द।

[1985]

भागमभाग

एक दाना लेकर भाग रही है चींटी,
एक तिनका अपनी चोंच में दबाये
पछियाती है एक पीली चिड़िया,
पेड़ की शिराओं के रास्ते
पत्तियों की नोक तक दौड़ रही है
हरियाली।

तितलियों के पंखों से लिपटकर
उड़ रहा है मकरन्द।

परसों की आतिशबाजी के बाद बचे
ख़ाली पटाख़ों के खोखल लेकर
भाग रहे हैं बच्चे—
पहाड़ की आख़िरी चट्टान से
अन्न लेकर भाग रही है बुढ़िया।

धूप को टोकनी की तरह सिर पर धरे
भाग रही है पृथ्वी।

और पृथ्वी को एक बिल्ली की तरह
अपने कन्धे पर बिठाए
संसार के उजालों की ओर
भाग रही है मेरी बेटी।

[1985]

चौकन्ने जानवर की तरह पृथ्वी

घने जंगल में
पत्तियों की मोटी तह के नीचे से
एक छोटे कीड़े की तरह
सिर उठाकर
धूप-छाँह और चिड़ियों के अरण्यरोदन को
देखती-सुनती है पृथ्वी।

एक सपने से उझककर
गिलहरी की तरह तेजी से
एक वृक्ष पर चढ़ी है मेरी बेटी—

अँधेरे में धीरे-धीरे रिसता पानी
पत्थरों के पड़ोस में ठहरता है।

एक चौकन्ने जानवर की तरह
पीछे-पीछे आती है पृथ्वी—
एक प्रसन्न चिड़िया की तरह
आगे-आगे
भागती फिरती है मेरी बेटी।

आकाश अपनी धूप से
नीलिमा से
शाखाओं के बीच-बीच से
झाँकता है!

[1985]

वह अभी

वह अभी झपटकर
आकाश को एक छोटे छादन में बदल देगी
और अपने घरघूले में
चाँदनी की तरह लगा देगी—

वह ले आएगी
पृथ्वी को
वनस्पतियों के नीचे से उठाकर
और दो मुट्ठी रेत की तरह
बिछा देगी घरौंदे के फर्श पर—

वह बदल देगी
देवताओं को
बीर बहूटियों में
और उन्हें जतन से एक कोने में रख देगी—
वह अभी—

[1985]

तोतों से बची पृथ्वी

तोतों के रास्ते पर पड़ता है हमारा घर
जिस रास्ते वे जंगल जाते
और वहाँ से लौटते हैं
उस रास्ते पर।

अनगिन तोतों की हरी लकीरें
आती-जाती हैं हमारे ऊपर के आकाश में
और उनमें से कुछ
हमारे पेड़ों पर भी ठहरते हैं।
हम शहर में रहते हैं,
पता नहीं किस जंगल से किस जंगल को,
किस बसेरे से कहाँ काम को
तोते रोज जाते हैं—

कई बार मैं और मेरी बेटी
एक खेल खेलते हैं शर्त लगाने का कि
तोतों का कौन-सा दल
हमारे पेड़ों पर ठहरेगा या नहीं ठहरेगा।

तोते हमें नहीं देखते
क्योंकि उनकी नज़रें हमेशा ही
पेड़ों और उन पर लगे पत्तों पर होती हैं।

तोते एक
हरा आकाश बनकर
छा जाते हैं पृथ्वी पर।
तोते छोड़ देते हैं
अधखाए फल की तरह पृथ्वी को।

मेरी बेटी
भाग-भागकर उड़ाती है तोतों को,
बचाती है फलों को,
पृथ्वी को।

आकाश में, अँधेरे में,
दूरियों में अदृश्य हो जाते हैं तोते।

हरीतिमा से चमकती
खड़ी रहती है मेरी बेटी
पृथ्वी को सहेजकर दुलराते हुए।

[1985]

एक गुड़िया की तरह पृथ्वी

पथ्वी के आस-पास
मँडराते हैं देवता
नक्षत्र और गन्धर्व—

पृथ्वी की परिक्रमा करते हैं
प्राचीन सन्त, राक्षस
और इतिहास में ओझल समय—

जो पृथ्वी वसुन्धरा थी,
जो पृथ्वी उबरी थी समुद्र से,
उस पृथ्वी को
एक गुड़िया की तरह
गहने-गुरिया पहनाकर
अपने पास बिस्तर में
सुलाए नींद में डूबी है
सपने-सी मेरी बेटी।

[1986]

वैसी पृथ्वी न हो पाने का दुख

खिड़की के पास चुपचाप खड़ी होकर
देखती है पृथ्वी
कि कैसे बनाती है दूबी
अपनी छोटी-सी मेज पर
एक छोटी-सी कापी में
एक और छोटी-सी पृथ्वी।

एटलस से काटकर,
कुछ भू-भाग
कुछ हरी दूब और सूखी वनस्पतियाँ,
कुछ टुकड़े, पन्नियाँ चमकीली जमाकर
मेरी बेटी
गढ़ती है अपनी एक पृथ्वी
जो धड़कती है
बिना किसी मनुष्य के।

अपने गोलार्धों में
बँटी-फँसी पृथ्वी
कुछ पछतावे से सोचती है
क्यों नहीं बनाया
किसी ने उसे
वैसी ही पृथ्वी।

[1985]

इस पृथ्वी को

वह गिलहरी की तरह उछलकर
चढ़ती है पेड़ पर—
पतंग की तरह
उड़ जाती है आकाश में—
वह तितली की तरह
छूती है दहकते पलाश को,
वह हरियाली की तरह
छा जाती है पहाड़ पर—

मेरी बेटी
छोटे-छोटे रूपकों से
इस पृथ्वी को
उलटती-पुलटती है
और फिर जतन से
एक लालटेन की तरह
लटका देती है अन्तरिक्ष में
अपने उजास और अँधेरों के साथ—

[1986]

पृथ्वी के रहस्य

जब सोती हैं वनस्पतियाँ
और देवता
तब
पृथ्वी चुपके से
खोलती है अपने मनोरम रहस्यों की तरह
कीड़ों को—

अँधेरे पर
हरियाली में
काँपती पत्तियों
पेड़ों के तनों-जड़ों में
चट्टानों के नीचे
वे धीरे-धीरे छा जाते हैं

जब कोई नहीं देख रहा होता
तो पृथ्वी को
ढाँक लेते हैं
पृथ्वी के रहस्य ही।

[1986]

पृथ्वी लिखती है पृथ्वी को

पृथ्वी लिखती है पृथ्वी को
न कविता की तरह
न कथा की,
एक अबूझ शब्द की तरह
पृथ्वी लिखती है पृथ्वी को।

पृथ्वी चहकती है पृथ्वी पर
न चिड़िया की तरह
न तितली की,
एक अकथ आह्लाद की तरह
पृथ्वी चहकती है।

उस पर भी जो
ढो रहा है पीठ पर बोझ
और
अनाज के कम दाम मिलने पर दुखी है,
उसके लिए भी

हलकी है पृथ्वी

फूल की तरह
पानी की बूँद की तरह
रुई के फाहे की तरह।

[1986]

असम्भव है पृथ्वी

अपनी-अपनी पृथ्वियों से अलग
यह जो हमारी पृथ्वी है
जिसे हमने गढ़ा है
कभी-कभी इतनी अदृश्य
स्पर्शातीत क्यों हो जाती है?

रात के अँधेरे में
आश्चर्य की तरह खुलती है पृथ्वी।

लपकती आँच के पार से
देखते हैं उसे हम—
अकेले उसे न देख सकते हैं
न ही उसमें हो सकते हैं।

एक असम्भव है पृथ्वी
जिसमें होने की हम अथक प्रतीक्षा करते हैं!

[1986]

खिलौने की तरह उठाएगी मृत्यु

किससे?

हम किससे अपना घर,
सुख पूछने जाएँगे?

जब आकाश बन चुका है
चिथड़ों का बेसहारा चँदोबा
और एक लुप्त नदी में बची रह गई
सूखी रेत, सड़ी काई और कुछ हड्डियों की तरह
बची पड़ी है पृथ्वी—

जब पत्तियों का हरा व्याकरण
हमें याद नहीं
और चिड़ियों के ध्यान में भी
हम नहीं आते—

अपने कारागार से निकलकर
तब हम किसके द्वार पर दस्तक देंगे,
कहाँ से आएगी वह प्रतिध्वनि
जो हमें घर लौटाएगी?

शब्दों के पथरा जाने का रहस्य
सिर्फ़ वृक्ष जानते हैं
जो अब सयानों की तरह चुप रहेंगे।

[1985]

अगर इतने से

अगर इतने से काम चल जाता
तो मैं जाकर बुला लाता देवदूतों को
कम्बल और रोटियाँ बाँटने के लिए।

बैठ जाता पार्क की बेंच पर,
एक अकेले उदास बूढ़े की तरह
होने के कगार पर,
और देखता रहता पतझर
चुपचाप ढाँकते पृथ्वी को।

चला जाता
उस बेदरोदीवार के घर में,
जिसे किसी बच्ची ने
खेल-खेल में
अपनी कापी में खींच रखा है।

ले जाता
अपनी गुदड़ी से निकालकर
एक पुरानी साबित घड़ी का उपहार,
अस्पताल में पड़े बीमार दोस्त के लिए
ताकि वह काल से बचा रह सके।

आत्मा के अँधेरे को
अपने शब्दों की लौ ऊँची कर,
अगर हरा सकता
तो मैं अपने को
रात भर
एक लालटेन की तरह जला रखता।

अगर इतने से काम चल जाता—

[1985]

विकल्प

अगर किसी दिन पत्थर को लगे कि उसे पत्थर होना अच्छा नहीं लगता तो वह क्या हो सकता है?

(पहली आपत्ति तो यही होगी, कुछ संवैधानिक क़िस्म की, कि पत्थर को पत्थर तो हम मानते हैं, पत्थर थोड़े ही अपने को पत्थर मानता होगा? हो सकता है वह अपने को चिड़िया मानता हो—जो पहाड़ी की चोटी से उड़कर नीचे आती है, भले ही एक उड़ान में एकाध शताब्दी बीत जाती है। हमारे समय से पत्थर का समय अलग होता होगा।)

अगर तर्क के लिए या कि इस कविता के लिए ही सही इस आपत्ति पर विचार न करें (जो कविता आपत्ति या विपत्ति पर विचार नहीं करती, उसके लिए ज्यादा जगह या समय वैसे नहीं बचा है!) तो क्या-क्या विकल्प हो सकते हैं पत्थर के सामने?

शुद्ध दार्शनिक तो एक यही कि पत्थर होना न चाहना ही पत्थर न हो जाना है।

अब चाहे तो पत्थर पेड़ हो सकता है हरा-भरा, जिसके पत्तों को बच्चे पत्थर मारकर तोड़ेंगे और जिसकी जड़ें धरती के अँधेरे में चट्टानों और पत्थरों से टकराएँगी।

अगर उसे चिड़िया होना सुहाये तो वह एक रंग-बिरंगी चिड़िया बनकर डाल-डाल फुदक सकता है। अपने मित्र पत्थरों पर बैठकर उन्हें अपने अनुभव सुना सकता है।

ख़तरा अलबत्ता यह है कि एक दिन किसी नुकीले पत्थर से कोई लड़का उसे मार न डाले।

अगर पत्थर आकाश होना चाहे तो उसे बहुत ऊपर जाना होगा। पर जब चाहे वह किसी झील के पानी में झुक सकता है और अपनी प्रिया को छका सकता है। जो भी हो, पत्थर को यह साफ़ तय करना पड़ेगा कि वह क्या बनना चाहता है क्योंकि जो कुछ भी बनो पत्थर से छुटकारा नहीं है। दूसरे, पत्थर मरते नहीं हैं। वरना पेड़ हो, चिड़िया हो या आकाश, आजकल धीरे-धीरे सब मर रहे हैं। अब अगर इस दुनिया के साथ ही मर जाने की ठान रखी हो तो बात और है, वरना सबके बाद में बचने वाले हैं पत्थर ही।

इसके बावजूद कौन जानता है कि उसकी अकिल में सचमुच पत्थर पड़ गया हो और पत्थर कुछ और होना चाहे।

पत्थर के सामने अनेक विकल्प हैं।

[1985]

क्या हासिल?

अगर एक दिन पृथ्वी तय करे
कि वह आकाश हो जाएगी
जो ज़रूरी नहीं कि
आकाश भी कुछ तय करे
या पृथ्वी हो जाने की सोचे।

अब अगर पृथ्वी न रहे और सिर्फ़
आकाश ही
तब हमारा क्या होगा?
हम कहाँ होंगे?

अव्वल तो हमारा होना जरूरी नहीं।
दूसरे, ऐसा कोई पट्टा लिखाकर नहीं आए हैं
कि पृथ्वी पर ही हम हो सकते हैं।
तीसरे, अगर आकाश में होने की शर्त
वृक्ष, पक्षी, मनुष्य आदि न होना है
तो अपने होने के लिए
हमें पृथ्वी को आकाश होने की इच्छा होने से
रोकना होगा।

जो रोक नहीं सकता
उसके होने भर से क्या हासिल?

[1985]

अचल चिड़िया उड़ती चट्टान

[जगदीश स्वामीनाथन के लिए]

चट्टान चाहती है
कि वह भी उड़ सके
चिड़िया की तरह
आसमान में
उधर घाटी के पार के संसार को
वह भी देख आए फुदक कर छूकर।

पर चिड़िया नहीं चाहती
कि वह अदला-बदली करे चट्टान से
और उसकी तरह स्थिर रहकर
सदियों तक देखे सिर्फ़ नीला आसमान
और दूसरी चट्टानें।

फिर भी
चिड़िया अचल है चट्टान की तरह।

चिड़िया की तरह उड़ान भरती है चट्टान।

चट्टान के ऊपर
बैठी है, नहीं बैठी है
एक उड़ती हुई चिड़िया,
एक अचल चिड़िया।

[1979]

क्यों

क्यों लगता है तुम्हें
कि तुम्हारा सुनसान भर जाएगा
रोशनी से,
एक उड़ती चिड़िया के
गिरते नीले पंख से,
पतझर के नीरव गान से—

आत्मा अपने एकान्त में
उधेड़ती-बुनती है देवता।
कीड़े हलके-हलके सरकाते हैं पृथ्वी।
फूल धीरे-धीरे खिलाते हैं आकाश।

एक खिलौने की तरह
उठाएगी तुम्हें एक दिन मृत्यु
और बिना तोड़े जस का तस
रख देगी
वहाँ जहाँ सुनसान होगा
न रौशन, न नीला, न नीरव—
देवताओं से दूर,
और पृथ्वी-आकाश से
अछूता।

[1986]

अनन्त में

मैं शब्द को
शब्द में फँसाकर
बनाता हूँ
नसैनी अनन्त में।

मैं शून्य शिखर पर
चढ़कर
निर्भय निर्गुण गाता हूँ
अनन्त में।

नसैनी टूटती,
शब्द बिखरते हैं,
गान तिरोहित होता,
मैं लुप्त होता हूँ
अनन्त में।

[1986]

कायाकल्प

बच्चों के मुँह से निकले
निरर्थक शब्द
गुपचुप बीनकर ले जाते हैं देवता—
बहुत दूर
किसी अनन्त में
जहाँ रखते ही
वे तारों की तरह चमकते हैं।

बच्चों को याद नहीं रखते शब्द
न बचपन को।

फिर एक दिन ऊबकर अनन्त से
कुछ शैतान शब्द
भाग आते हैं वापस संसार में—
कुछ महकने लगते हैं फूल बनकर,
कुछ अमरूद, अमियाँ और जंगल जलेबी बनकर,
कुछ बन जाते हैं
गिलहरियाँ, तितलियाँ और चिड़ियाँ।

बच्चे अचरज और लालच से उन्हें देखते हैं
और पहचान नहीं पाते कि
वे उन्हीं के हैं।

देवता बेचारे
शब्दों की तलाश में
अनन्त और संसार के बीच
भटकते हैं।

[1986]

हथेली पर सिर

अपने ही रक्त के
गहरे लाल में डूबा हुआ
रामझरोखे से सबका मुजरा लेता
एक निरंजन चेहरा।

वह कहना चाहता था—
लेकिन सुनने के लिए साधु नहीं थे।

उसने तनना-बुनना छोड़ दिया
लेकिन दक्षिण कूट से अलग
एक फुँका हुआ घर था प्रेम नहीं घृणा का
और पीड़ा की प्राचीन कगारों पर
पैड़े लगे हरि को भूलना कठिन था।

पूराने बुर्जों और ढहते मन्दिरों के पीछे से उमड़ती भीड़ से
बचते हुए
मैं अपना सिर काटकर हथेली पर रखने को तैयार हूँ—
लेकिन पूछता हूँ राम से
कि उसकी हथेली पर
क्या उसका सिर है?

[1979]

अक्षर

कुछ भी तय नहीं है—
हो सकता है कि आज सुबह दूध न बँटे,
कल कोई भी ट्रेन लेट न हो,
परसों वह चिड़िया
मेरे बरामदे में घोंसला बना ही ले
जिसे इतने दिनों से बरजता रहा हूँ।

कुछ भी तय नहीं है—
पर हो सकता है
कि बापू की कुटिया होटल में
आधी रात को भेंट हो जाए
किसी शापग्रस्त देवता से,
और वे हरे तोते अपने पंजों से पकड़कर
उठा ले जाएँ पलाश का पूरा दहकता पेड़।

कुछ भी तय नहीं है—
हो सकता है एक चिट्‌ठी आ जाए मंगल ग्रह से,
हमारी समझ में आने लगे तितलियों का प्रणयसंवाद,
नदी में गहरे पैठकर
गाने लगें पत्थर।

तय सिर्फ़ इतना है कि
शब्द हैं—

उनकी जगह है—
और धड़कता हुआ जीवन है—हम हैं,
और पल-पल बदलते-झरते हुए भी
अक्षर हैं।

[1986]

पूर्वजों की अस्थियों में

हम अपने पूर्वजों की अस्थियों में रहते हैं—

हम उठाते हैं एक शब्द
और किसी पिछली शताब्दी का वाक्य-विन्यास
विचलित होता है,
हम खोलते हैं द्वार
और आवाज़ गूंजती है एक प्राचीन घर में कहीं—

हम वनस्पतियों की अभेद्य छाँह में रहते हैं
कीड़ों की तरह।

हम अपने बच्चों को छोड़ जाते हैं
पूर्वजों के पास
काम पर जाने के पहले।

हम उठाते हैं टोकनियों पर
बोझ और समय।
हम रूखी-सूखी खा और ठण्डा पानी पीकर
चल पड़ते हैं,
अनन्त की राह पर
और धीरे-धीरे दृश्य में
ओझल हो जाते हैं

कि कोई देखे तो कह नहीं पाएगा
कि अभी कुछ देर पहले
हम थे।

हम अपने पूर्वजों की अस्थियों में रहते हैं—

[1986]

भाषा एकमात्र अनन्त है

फूल झरता है
फूल शब्द नहीं—

बच्चा गेंद उछालता है,
सदियों के पार
लोकती है उसे एक बच्ची—
बूढ़ा गाता है एक पद्य,
दुहराता है दूसरा बूढ़ा,
भूगोल और इतिहास से परे
किसी दालान में बैठा हुआ—

न बच्चा रहेगा,
न बूढ़ा,
न गेंद, न फूल, न दालान
रहेंगे फिर भी शब्द

भाषा एकमात्र अनन्त है!

[1986]

बच्चे एक दिन

बच्चे
अन्तरिक्ष में
एक दिन निकलेंगे
अपनी धुन में,
और बीनकर ले आएँगे
अधखाए फलों और
रकम-रकम के पत्थरों की तरह
कुछ तारों को।

आकाश को पुरानी चाँदनी की तरह
अपने कन्धों पर ढोकर
अपने खेल के लिए
उठा ले आएँगे बच्चे
एक दिन।

बच्चे एक दिन यमलोक पर धावा बोलेंगे
और छुड़ा ले आएँगे
सब पुरखों को
वापस पृथ्वी पर,
और फिर आँखें फाड़े
विस्मय से सुनते रहेंगे

एक अनन्त कहानी
सदियों तक।
बच्चे एक दिन...

[1986]

प्रेम के लिए जगह

प्रेम के रूपक

मैं प्रस्तावित करता हूँ
हरियाली पर पहली ओस,
ऊँचे उड़ता और
नीलिमा से एकाकार होता अन्तिम पक्षी,
पुनरपि ज्वलन्त सूर्य की लालिमा।

मैं प्रस्तावित करता है

अँधेरे में जड़ों की तरह सक्रिय शब्द,
बड़ी सुबह
दरवाजे पर दस्तक का सन्देह।

कीड़ों की
न सुनी जा सकने वाली प्रार्थना
मैं प्रस्तावित करता हूँ।

[1985]

थोड़ी-सी

अपने पास
थोड़ी-सी जगह दे दो—
ज़रा-सी जगह
जहाँ मैं ये शब्द रख सकूँ
भले ही ये सूखे फूलों और पत्तियों जैसे
लग रहे हैं।

तुम रहो धूप में,
हरियाली में,
अपने यौवन के वैभव में,
मुझे थोड़ा-सा स्थान दे दो
जहाँ मैं अपनी कामना
चित्रित कर सकूँ।

तुम हरी घास हो
मैं उड़ती हुई ओस—
मुझे एक ज़रा-सी नोक दे दो
जहाँ मैं विलीन होने के पहले
ठहर सकूँ।

[1985]

किनारे पर

एक दोपहर के किनारे पर
एक कुरसी
एक मेज़ अँधेरे में।

तुम नामहीनता में बैठी
एक प्राचीन पुस्तक में
लिखती हो
प्रेम की असम्भावना की नई कथा।

मैं प्रतीक्षा करता हूँ
शब्द धीरे-से बाहर आएँ
अँधेरे में दिपते हुए
और एक कामातुर भोर की ओर उठें।

[1985]

अकस्मात्

मैं तुम्हें देख नहीं सकता
हालाँकि तुम मुझे चारों ओर घेरे हो।

मैं एक पुराना मकान हूँ
जिसमें बरसों बाद कोई रहने आया है।

क्या दरवाज़े पर दस्तक
तुम्हें सुनाई दे रही है?
हवा का एक हलका-सा झोंका?

तुम मुझे भूल जाओगे—
एक अकस्मात् अतिथि की तरह
जो संयोगवश तुम्हारे दरवाज़े आ गया।

[1985]

सिर्फ़ फूल जानते हैं

फूलों का रंग वैसा ही था :
उसी तरह नीले पर बैंगनी पर पीले पर लाल—
पर फूल वही नहीं थे।
जब कोई देख नहीं रहा होता है
तो कोई बदल देता है फूलों को।
ठीक वैसे के वैसे नहीं
पर खिला देता है लगभग वैसे ही फूल
कि कोई देखे तो कह न पाएगा
कि ये वही फूल नहीं हैं।
सिर्फ़ फूल जानते हैं कि वे नहीं हैं
और वे हैं।

[1986]

हरियाली-सी दीप्त

प्रतीक्षा
हवा है खिड़की से आती हुई
कुछ भीगी-सी बारिश से—

एक अदृश्य फूल-सा
खुला है प्रणय-निवेदन

उसकी देह
अपने श्यामल वैभव में
झिझकती है

कामना
खिड़की के बाहर दीखती
हरियाली-सी दीप्त है।

[1985]

चन्द्रलिखित है वर्ष

चन्द्रलिखित है वर्ष।
हर्ष उसकी आँखों में।
आभा में लिपटी उसकी तन्वंगी देह
खोलती द्वार
किसी नीलाभ गगन का।
नक्षत्रों के वृक्ष तले
बैठी है वह—
मदभरालसा, मालविका,
चन्दरिमा—
उसकी अँगुलियाँ बुनती हैं
अन्तरिक्ष सुकुमार।

[1985]

शब्द से भी

शब्द से भी जागती है देह
जैसे एक पत्ती के आघात से भी होता है
सबेरा—

[1985]

देह को प्रगट करती है देह ही

जैसे वृक्ष के पास
पत्तियाँ, छाल, तना, जड़ें हैं
वैसे ही उसके पास है
उसकी अपनी धूप, अपनी आभा—
सूर्य उसे प्रगट भर कर देता है।

देह की दीप्ति भी इसी तरह जागती है
प्रिय-स्पर्श से
देह एक वृक्ष है
दीप्ति की प्रतीक्षा में—

देह को प्रगट करती है देह ही।

[1985]

देह की पुकार सुनती है देह ही

न सुनती है हवा,
न पता चल पाता है धूप को—
अँधेरा रहता है अन्यमनस्क,
और चीज़ें और दृश्य हमेशा की तरह
उदासीन—
देह की पुकार,
सुमुखि,
सुनती है
देह ही।

[1986]

वह नहीं कहती

उसने कहा
उसके पास एक छोटा-सा हृदय है

जैसे धूप कहे
उसके पास थोड़ी-सी रोशनी है

आग कहे
उसके पास थोड़ी-सी गरमाहट—

धूप नहीं कहती उसके पास अन्तरिक्ष है
आग नहीं कहती उसके पास लपटें
वह नहीं कहती उसके पास देह

[1985]

वहीं है वसन्त

वहीं है वसन्त
जहाँ चूमकर टाँक गई वह
पुष्प एक अनन्त।

[1985]

एक शाम उम्मीद की

एक शाम उम्मीद की,
उम्मीद के ख़िलाफ़ उम्मीद की—
उसने रच दिया अनायास
संवेदन-भरा उत्सुक
एक ललित अन्तरिक्ष।

बिना कुछ किये
अनन्त को थामे हुए—
बाहर की ठंड और धमाचौक
के विरुद्ध
अन्दर गरमाहट थी
अर्थ के पड़ोस में होने जैसी।

एक अदृश्य उजास
जैसे सुबह की हवा का।
शाम थी,
रात होने के पास—
पर सुबह की तरह
आतुर और खुलती हुई।
हरे को कड़ी धूप में
पियराते हुए देखता हूँ
और इन शब्दों से
उस तक पहुँचता हूँ

उसके मौन पर हलकी दस्तक
और उसके वैभव को
एक अनसुनी प्रणति देता हुआ।

[1985]

चन्द्रलिखित

हरे को दीप्त करता है वसन्ती
वसन्ती को दुलारकर
थामे है हरा
हरे और वसन्ती में लज्जारुण
दमकती वह चन्द्रलिखित-सी।

[1985]

नीलाकाश में अकेली

अपने नीलाकाश में
अकेली वह
                शब्दों में नहाती

पहनती है
इच्छा को
वस्त्र-सा
सोचती है
यौवन जल है
अंजलि का
वह ज्यों माँगे
त्यों देना है।

[1985]

वह दिगम्बरा आकाश की शैया पर

वह दिगम्बरा आकाश की शैया पर

उसकी कंचुकी उतारकर
ले गया है चन्द्रमा
उसका अधोवस्त्र
पर ले गया सूर्य
उसके अनावृत उरोज
दिपते हैं ताराओं से

उसे लेता है
हरी दूब की सौंधी गन्ध से
महकता अँधेरा

उसे बेधता है
ताजे दूध की तरह धारोष्ण आलोक

वह दिगम्बरा आकाश की शैया पर...

[1985]

भर गई सुगन्ध

उसके शरीर में भर गई सुगन्ध
जैसे आकाश में नीलिमा
और दूब में हरीतिमा—

अब आश्चर्य की तरह खुला है संसार
और एक-एक पंखुरी की तरह
खिलता मुरझाता रहेगा समय।

[1985]

क्योंकि तुम हो

क्योंकि तुम हो—

शब्द छू पाते हैं अर्थ
धूप बिछती है सीढ़ियों पर
चिड़िया उड़ जाती है नीलिमा में
गान लेकर

क्योंकि तुम हो—
हरी पत्ती होती है लज्जारुण
ठंड में सिहरती है देह
कामना में आत्मा

क्योंकि तुम हो—
आकाश भर जाता है
बच्चों की किलक से
और पृथ्वी
फूलों और फलों से

क्योंकि तुम हो—

[1986]

प्रेम के लिए जगह-1

उसने अपने प्रेम के लिए जगह बनाई

बुहार कर अलग कर दिया तारों को
सूर्य चन्द्रमा को रख दिया एक तरफ़
वनलताओं को हटाया
उसने पृथ्वी को झाड़ा-पोंछा
और आकाश की तहें ठीक कीं

उसने अपने प्रेम के लिए जगह बनाई

[1966]

प्रेम के लिए जगह-2

एक सुनसान दोपहर
एक जनाकीर्ण शाम के छोर पर एकान्त
लदी-फँदी बस की तीसरी सीट
—उसने प्रेम के लिए जगह बनाई!

उसने देवताओं को
बाहर ठेल दिया
और पक्षियों से अनुरोध किया कि
वे थोड़ा-सा आकाश छोड़ दें—

उसने एक बच्चे के हाथ से एक फूल छीना
और एक पत्ती से थोड़ी-सी हरीतिमा उधार ली
उसने तितली, गिलहरी और धूप के बीच
प्रेम के लिए जगह बनाई।

[1986]

केलि

मैं बिछाता हूँ धरती का हरा बिछौना
मैं खींचता हूँ आकाश की नीली चादर
मैं सूर्य और चन्द्रमा के दो तकिये सम्हालता हूँ
मैं घास के कपड़े हटाता हूँ
मैं तुमसे केलि करता हूँ।

[1985]

उसे रात चाहिए

सुबह और दोपहर के बाद
उसे रात चाहिए

चन्द्रमा, नक्षत्रों और अँधेरों से घिरी
अपने गहरे-आर्द्र रहस्य को छुपाए
रात

एक प्राचीन कामना से
ज्वलन्त और दीप्त रात

रात जो उसे खोलेगी
आकाश की तरह अनन्त
धरती की तरह उत्सुक

रात जो बनेगी
उस पर झुका एक दिगम्बर पुरुष
रात जो काली घासों की तरह ढँक लेगी

रात जो आएगी
और फिर आएगी नहीं

रात जो उसे अंगीकार करेगी
मथेगी-भेदेगी

रात जो सुबह होगी
जो दोपहर होगी
रात जो रात होगी
और नहीं होगी।

[1986]

रहस्य

ओस देती है
दस्तक हरी दूब की नोक पर
या फिर चुपचाप
उस पर भारहीन गिरती है?

चिड़िया
रोशनी के चौखट को
खिड़की की तरह खोलती है
या धूप को
उड़ान की तरह ले आती है अन्दर?

वह फूल की तरह खिलती
चन्द्रमा की तरह डूबती है
या अँधेरे की बरसात की तरह
अचानक आती और
जाने कब चली जाती है?

[1986]

शब्द क्या सिर्फ़ छूते हैं तुम्हें?

शब्द क्या सिर्फ़ छूते हैं तुम्हें
वैसे ही जैसे
हवा या धूप छूती है?

अपनी आभा
अपनी गन्ध के साथ
शब्द क्या पुष्पित नहीं होते
उस वृक्ष पर
जो तुम हो?

[1986]

लज्जारुण आकाश

नदियों,
गिरिमालाओं,
स्कूल जाते बच्चों
और अनाज बीनती स्त्रियों को लाँघकर
दोपहर को एक सुनसान में बदलती हुई
आती है उसकी आवाज़—

वह कहती है हाँ
इतनी दूर से
और तुम कहते हो
इतने पास अपने
हाँ

हवा पास जाकर कहती है पत्तियों से हाँ
जल जड़ों में प्रवेश कर कहता है हाँ
एक लज्जारुण आकाश की तरह
छा जाता है स्वीकार।

[1985]

प्रतीक्षा में प्रेम में

मैं तुम्हारी प्रतीक्षा करता हूँ प्रेम में
प्रेम तुम्हारी प्रतीक्षा करता है मुझमें

सुखद सूर्य
ओस और आँसू से भीगी हरी दूब
भोर से ही सक्रिय पक्षी
तुम्हारी प्रतीक्षा करते हैं

पृथ्वी
आकाश
मैं
प्रतीक्षा के ही नाम हैं
प्रेम में

प्रतीक्षा करती है प्रेम
प्रेम करता है प्रतीक्षा
मैं प्रेम करता हूँ
और प्रतीक्षा

[1986]

अँधेरा

अँधेरा
अँधेरे की तरह
कभी पत्तियों की तरह
सघन और
बीच-बीच में चौकन्ना
शब्दों की तरह
गुँथा हुआ
लगातार

अँधेरा
काला
और
हरा

अँधेरा
छाया हुआ प्रेम की तरह
खिला हुआ
घाव की तरह
अँधेरे को
थामे है
आकाश की तरह
अँधेरा ही।

[1985]

होने से रूपाभ

कोई नहीं है रंग
सिर्फ़ आभा है
जिसे कभी-कभी
वह
बिना छुए भी
बदल देती है रंग में—

कोई नहीं है आभा
सिर्फ़ रंग है
जिसे जब-तब
वह
सिर्फ़ अपने होने से
कर देती है रूपाभ!

[1986]

मैंने उसे छुआ

मैंने उसे छुआ
जैसे आकाश को छुआ
जैसे उसके एक नक्षत्र को
उसकी उँगली में अँगूठी की तरह पहना दिया।

जैसे अँधेरा मेरे पास आया बताने
देखो वह एक दीपशिखा है
जैसे हवा ने पहचाना उसका रंग—उसकी आभा।

मैंने सौभाग्य से कहा
वह मेरी बाँहों के घेरे में नहीं है
दूर है पर साथ खड़ी है।

मैंने उसे छुआ
जैसे आकाश को नक्षत्र को
अँधेरे को आभा को
सौभाग्य को छुआ।

[1986]

शब्द

1

शब्द छूता है शब्द को
शब्द को शब्द चूमता है
दो शब्दों के बीच
सिर धरता है
एक शब्द।

शब्द को बेधता है शब्द
शब्द को भरता है शब्द
शब्द को मथता है शब्द।

शब्द नाचता है
मौन को
संक्षिप्त अनन्त में ढालते हुए।

मौन में
शब्द बोलते हैं
शान्त होते हैं।

2

ओस छूती है हरीतिमा को
                    चुपचाप।
पंखुरी खुलती है धूप में
अँधेरे में जड़ें
चट्टान पर दस्तक देती हैं।

वह उठती है
चुपचाप
अनन्त पर एक खिड़की खोलती है!

[1986]

वापसी

वह आ गई है

हवा में बसी फूलों-वनस्पतियों की सुगन्ध
बहुत नन्हे हाथों की तरह नरम बारिश
यहाँ से अदृश्य वृक्षों पर चमकती धूप
अपने असंख्य गानों के साथ भी सुनसान अन्तरिक्ष

एक बच्ची
अपना बस्ता भूलकर
चहकती हुई चढ़ती है स्कूल की बस में

वह आ गई है
जैसे अनन्त में आ गया है समय
द्वार पर आ गया है सौभाग्य
दूब पर आ गई है ओस पर आ गई है धूप
पर आ गई है बारिश पर आ गई है हरियाली

वह आ गई है

[1986]

दृश्यातीत स्पर्शातीत

क्या मैं तुम्हें घेरे हुए हूँ
हवा की तरह
जो छूती है, नहीं छूती है—

हवा के पास
आँखें नहीं हैं
कि वह देख पाती वह सुषमा
जो तुम हो—

तुम्हें देखता है आकाश
जिसके पास हाथ नहीं हैं
कि तुम्हें छूकर घेर पाता!

[1986]

प्रणय निवेदन

क्या मैं भेज सकता हूँ
अपने शब्दों के साथ
थोड़ा-सा चन्द्रमा
एक संज्ञा भर,
एक क्रिया बराबर आकाश,
एक विशेषण जितनी हरीतिमा?

आख़िर कब तुम जानोगी—
यह रात-दिन की बारिश,
यह उसमें झींगुरों की अथक पुकार,
यह हर कुछ को छूती-घेरती हवा
मेरा प्रणय निवेदन है!

[1986]

सूर्योदय

उसका आकाश भर जाता है
आभा से उष्मा से
रंगों से कलरव से
प्रेम सूर्योदय है शरीर का।

[1986]

फिर आ गई है वह पत्ती

एक फूल की याद

फिर आ गए हैं फूल—टेसू में
और वहाँ-वहाँ जहाँ इन दिनों आते हैं
जैसे सेमल में,

वह एक फूल था जो फिर नहीं आया!

यों आने की कोई बात नहीं थी
पर उसे आना था
जैसे फिर आ गए हैं फूल—टेसू में।

मैं प्रतीक्षा नहीं करता
और न दुख मनाता हूँ।
सिर्फ़ कभी-कभी बीच में अचानक सोचता भर हूँ
कि वह कैसा फूल था
जो मुझमें रह गया है
और यह कितना सम्भव लगता है
कि मेरी उँगलियों के स्पर्श से
कोई हरी पत्ती काँपेगी
और धीरे-से फूल आएगी
उस फूल में, जिसे आना था
और जो नहीं आया है।

वैसे फिर आ गए हैं फूल—टेसू में
और वहाँ-वहाँ जहाँ इन दिनों आते हैं

[1960]

प्रतीक्षा

दूर के उस मोड़ पर मैं
जब किसी को देखता हूँ,
जानता हूँ :
और कुछ है, बादल या पक्षी या सोनकिरण!

[1959]

सावन का दूसरा दिन

सिर्फ़ पानी ही नहीं है
मौलश्री है
पुलककर झरता हुआ है फूल
घर : काई-रचा है
कठचन्दन : हरा है
सड़क : गीली-काली है
धुँधला आकाश : घिरा-घिरा है

सिर्फ़ पानी ही नहीं है

[1959]

बहुत पास से प्यार

अँधेरे में जब किसी लम्बी सड़क पर चलता हूँ
तो तुम्हें बहुत पास से प्यार करता हूँ
बिजली के खम्भे छू-छूकर

[1959]

एक ऑटोग्राफ़

जितना मैं सड़क के बीहड़पन
बत्तियों के ऊपर के अँधेरे
पेड़ के झुकाव और बादल के रंग को
स्वीकार लेता हूँ—
उतना, सिर्फ़ उतना
तुम्हें अपना प्यार देता हूँ।

[1958]

एक सुबह

एक नीले झुके आकाश के नीचे
एक पीला सबेरा
नक़्शों से चुपचाप घर
सिर्फ़ पेड़ पेड़ों की तरह
हिलते-डुलते और बोलते
सुबह एक परेशान संगीत की तरह
ढाँकती
तुम्हें या मुझे या किसी को भी

[1959]

पंख मत दो

पंख मत दो मुझे
मैं नीली अथक ऊँचाइयों में
उड़ कहीं खो जाऊँ
और तुम देखा करो, सिर्फ़ देखा करो मुझको
एक धब्बे-सा कहीं पर दूर मिटता-डूबता।
पंख मत दो मुझे
मैं असहाय बैठूँ डाल पर
फूलते वसन्त की प्रतीक्षा में
और तुम देखा करो,
सिर्फ़ देखा करो मुझको
नीचे से, रीती अँजुरी लिये।
पंख दो उसको
समर्थ है जो नीलेपन में खोकर
फिर तुम तक वापिस आने को।
जो वसन्त के बिना डाल से
नीचे फूल चुआ सकता है,
पंख दो उसको!

[1958]

वह पत्ती

फिर आ गई है वह पत्ती
धूप की चमक और अपना एक रंग लिये
जिसे वह हर साल लाती है बिना भूले
कभी नहीं दीखी वह मुझे आती हुई
जब आई है एकदम आई है
धूप की चमक और अपना एक रंग लिये
और मैंने उसे याद रखा है
गरमी के एक ठंडे और गूँजते सबेरे की तरह
शायद वह एक पत्ती नहीं है
जो हर साल लौट आती है
बल्कि शायद पत्तियों का एक सिलसिला है
धूप की चमक और अपना एक रंग लिये
वही पत्ती या वैसी ही एक नई पत्ती
फिर आ गई है
वह पत्ती
वही पत्ती

[1959]

घाटी

घाटी में जाकर गुम हो गई एक पगडंडी
पर वह जो चलते-चलते पगडंडी पर
उसी में समा गया
घाटी तक पहुँचा वह?

[1960]

प्यार के बाद

सड़कें उतनी सूनी और लम्बी और अँधेरी नहीं होती थीं
जितना हम समझते थे!
पेड़ उतने ऊँचे और चुप नहीं होते थे
जितना हम सोचते थे।
आकाश उतना काला और अकेला नहीं होता था
जितना हम पहचानते थे।
घासें उतनी सूखी और पीली नहीं होती थीं
जितना हम देखते थे।
दूर की आवाजें, पंखों की फड़फड़ाहटें,
टिम-टिमकर बुझती बत्तियाँ उतनी अपरिचित नहीं होती थीं
जितना हम मानते थे।
हम जो एक-दूसरे से कविताओं में बोलते थे,
आवेश में कसकर चूमते थे,
देर तक चाँद की प्रतीक्षा करते थे,
अँधेरे में पेड़ पहचानते थे,
सड़कों के मोड़ भूल जाते थे,
पुलिया के पीछे छिपकर कूका-सा देते थे,
वह सब उतना मिट नहीं गया
जितना हम समझते थे

[1959]

चाँद के तीन टुकड़े

चाँद के तीन टुकड़े हैं
जिनमें से एक मेरे पास है
मेरी आँखों में, मेरे दिल में
और एक तुम्हारे पास है
जिसे तुम चुम्बन से अलग रखकर
साफ़ करती चमकाती रहती हो
और मेरी कामना का वह अँधेरा
तुम्हारे खिंचे उरोजों के बीच
कहीं अटका रह जाता है
चाँद का एक टुकड़ा और है जिसे मैं
तुमसे बचाकर किन्हीं और आँखों में
धीरे से खिसकाया करता हूँ

[1958]

देखा है!

तुमने वह बादल देखा है
जो नीलेपन के टुकड़े पर
अभी उभरकर
एक दाग़-सा मिटता-मिटता चला गया है
तुमने वह बादल देखा है!
पहचाने हैं रंग
भार अनुमाना उसका
खिड़की के सलाख़ मिलकर जो
चित्र बनाते थे उससे
देखा है!

बादल? बादल तो चला गया
पर यह मुद्रित मन देखा है!

[1959]